MANUEL DU PARFAIT PETIT TRIATHLETE

A destination du sportif et de son entourage

Valtrés

Illustrateur : Cloomy

ISBN-13 : 978-1502822925

Dépôt légal : aout 2016
Valtres.triathlon@gmail.com

A Stéphanie qui endure tout ça…

Prologue

Vous avez peut-être autour de vous : un ami, un collègue, un membre de votre famille ou encore votre conjoint(e) qui est triathlète. Vous êtes, peut-être, vous-même un habitué du triple effort ou au contraire, vous ne connaissez pas du tout ce sport. Alors, il vous est sans doute arrivé de ne pas comprendre une discussion sur le triathlon et de penser que ce sportif doit être un demi-dieu ?!

Le but de ce livre est de vous éclairer sur la vie et les habitudes du triathlète, sur le vocabulaire, les expressions, les abréviations de ce sportif qui aime se sentir à part.

Le triathlon, c'est quoi ?

Tout d'abord, pour les néophytes, un triathlon, c'est un enchaînement de trois disciplines dans la même course : natation, vélo et course à pied. Si, déjà, vous ne saviez pas ça, le triathlète ne risque même pas de vous regarder !

Il y a différentes distances, du triathlon XS (400m de natation, 10km de vélo et 2.5km à pied) au triathlon distance Ironman (3800m de natation, 180km de vélo et un marathon à pied). Il y en a donc pour tous les goûts (sauf si vous n'aimez pas nager, rouler ou courir, évidemment !).

Mais, en général, la distance qui fait le plus rêver notre sportif est l'Ironman. Course mythique qui transforme cet homme (ou cette femme) en dieu (déesse) vivant(e)... enfin ça, c'est l'image qu'il se renvoie à lui-même. Pour tous les autres, c'est un fou qui perd son temps à s'entrainer au lieu de sortir, faire la fête, aller boire une bière, se goinfrer de pizzas, passer du temps avec sa famille,...

Sa vie tourne autour de ce sport : il va passer son temps dans les entrainements, son argent dans le matériel, les compétitions et les déplacements (sans parler des périodes de blessure extrêmement grave aux yeux du triathlète) et son attention sur son alimentation.

Eh oui, parce qu'en plus de s'entrainer, il va faire attention à ce qu'il va manger pour : ne pas grossir (ou même maigrir), éviter les blessures, mieux récupérer, être en forme aux entrainements, mais surtout avoir un corps d'athlète (que, finalement, seul les sportifs de haut niveau ont). Et cela devient même pire les jours avant les compétitions : aliments pesés, produits énergétiques pour préparer à l'effort, plus du tout d'alcool, de sucres rapides, de graisses,...pour réaliser une performance de haut-niveau (ou pas…).

Le triathlète, un apollon

Le triathlète est reconnaissable par son bronzage ! Si vous allez voir un triathlon, vous serez sans doute surpris par la perfection des bronzages des sportifs, même en début de saison, au mois de mai alors qu'il n'y a pas eu un rayon de soleil depuis l'été dernier. En général, ces personnes déambulent torse nu dans le parc à vélos pour montrer leur torse bruni par on ne sait quel soleil. A croire qu'ils s'entrainent toujours à poil en vélo et en course à pied pour n'avoir aucune trace de bronzage (le fameux bronzage cycliste que l'on devrait voir sur tous les corps des triathlètes).

En plus de ce corps parfait, le triathlète veut le mettre en avant et doit pour cela se raser (soit tout le corps, soit juste les jambes, ça dépend des préférences). Evidemment, qu'est-ce que serait un corps harmonieusement musclé s'il était recouvert d'une toison de poil ?!
Chaque jour, en général après l'entrainement, le triathlète contemple son corps face au miroir pour espérer enfin être affûté.

Pour compléter le tableau, un tatouage faisant référence à sa passion (en général un sigle Ironman) est visible sur le bras ou la jambe. Ceci pour impressionner et pour démoraliser les adversaires, surtout sur un triathlon avec de courtes distances (type S). Cet homme devient imbattable aux yeux du reste du monde avant même d'avoir pris le départ. Ces tatouages permettent aussi de montrer à tous les autres (ceux qui ne pratiquent pas le triathlon) qu'il participe à des courses hors-normes.

Voilà notre sportif : fort, bronzé, rasé, tatoué, en un mot : beau (on est encore dans l'imaginaire de notre sportif là, hein !).

En vrai, il ressemble plutôt à ça :

L'équipement du triathlète

Maintenant que l'homme est là, droit comme un I, fier, le regard vers l'horizon, prêt à en découdre pour franchir la ligne d'arrivée, il doit être équipé pour braver les heures de course qui l'attendent...vous ne croyez pas qu'il va aller nager avec son slip de bain, qu'il va rouler avec le vélo de sa grand-mère et courir avec ses vieilles Converse ?! Eh non, le triathlète doit s'équiper !

L'équipement en natation

Oubliez le slip de bain et autre boxer, vous ne serez un triathlète que si vous portez une combinaison intégrale d'une marque de triathlon (Orca, Aquaman, Zoot,...). Si vous vous pointez avec une combinaison courte ou longue de voile ou de surf, vous allez tout de suite être grillé et vous sentirez sur vous le poids des regards pleins de dédain des autres concurrents.

Sous cette belle combinaison de natation, le triathlète doit arborer une trifonction aux couleurs de son club (ou aux couleurs de son vélo, sinon c'est moche !) avec le flocage de son nom (ou de son pseudo) au niveau des fesses pour recueillir un maximum d’encouragements.

La trifonction sera la tenue qui sera portée du début à la fin de la course, c'est donc un élément très important pour son image. Alors n'imaginez pas non plus porter un short et un t-shirt pour la course...ce genre de tenue doit limite valoir une disqualification dans le monde du triathlon !

Pour en terminer avec la natation, des lunettes sont fortement recommandées (ne pas utiliser des lunettes suédoises sous peine de finir avec l'arcade sourcilière éclatée) et le bonnet de bain de l'organisation est obligatoire.

L'équipement en vélo

Alors, c'est là qu'est le gros du budget pour un triathlète ! Le vélo doit être à l'image de son propriétaire : beau et puissant.

Pour ça, la carte bleue doit chauffer. Si vous allez sur un triathlon, vous verrez que les vélos sont de plus en plus impressionnants : beaucoup de vélos de contre la montre avec des roues à jantes hautes pour mieux fendre l'air... à moins de 30km/h...

La chasse au gramme superflu (sur le vélo) est lancée : des cadres, des roues, des porte-bidons, des guidons, des plateaux toujours plus légers et plus aérodynamiques...et toujours plus chers.

C'est là un des paradoxes : le triathlète va préférer mettre 1500 euros dans des roues plus légères (de 500g) plutôt que de perdre lui-même ces 500 grammes. Il va préférer acheter un vélo, dit plus performant, à 4000 euros, pour gagner 1km/h alors qu'en s'entrainant plus efficacement, il aurait le même résultat. Bref, comme partout, ce n'est pas l'habit qui fait le moine mais au moins cet équipement en jette un max lors des entrainements et des compétitions.

Evidemment, à partir des triathlons M, n'espérez pas voir de VTT (peut-être un Vélib bleu à Nice mais c'est tout), mais des vélos à minimum quatre chiffres rempliront le parc à vélos. Ce sera à celui qui a la plus belle monture. Et alors même que le triathlète vient de s'acheter un nouveau vélo à plusieurs milliers d'euros, il bavera devant le tout dernier à la mode.

Une fois le vélo acheté, il reste quelques petits équipements nécessaires : les chaussures de vélo (avec semelles en carbone évidemment), les lunettes de soleil de marque avec des verres de différentes couleurs suivant la météo et enfin le casque de vélo léger, profilé pour ne pas perdre une seconde face au vent, quitte à ce que ce soit une fournaise sous le casque par manque d'aération.

Pour ceux qui veulent aller jusqu'au bout des choses, ils peuvent installer un capteur de puissance permettant de connaitre les watts développés en appuyant sur les pédales. C'est un très bon repère, trop peut-être, poussant certains triathlètes à ne jurer que par ça, à faire des calculs plus théoriques les uns que les autres, au point d'oublier de s'entrainer...mais aucune importance, puisque les calculs ont déjà donné le chrono du parcours vélo.

L'équipement en course à pied

C'est sans doute dans cette discipline que la facture est la plus légère. Il suffit de s'acheter une paire de running à la mode (celles du dernier vainqueur d'Hawaï par exemple) pour être prêt. Mais attention, chose importante, la couleur doit aller avec celle de la trifonction !

Dernier gadget qui peut être utilisé dans les trois disciplines : la montre GPS/cardio permettant de connaitre son parcours, sa vitesse et ses pulsations cardiaques. Devenue aujourd'hui incontournable pour comparer ses performances avec ses anciens entrainements ou pour se comparer aux autres...via des données informatiques.

Le triathlète d'aujourd'hui est un sportif multi-connecté, passant de son pc à son vélo (avec son smartphone) et de son vélo à son pc.

Voilà, le triathlète est prêt, équipé pour affronter ses concurrents et transpercer l'air tel une flèche !

Le triathlète est maintenant prêt pour s'entrainer

L'alimentation du triathlète

L'alimentation au quotidien

Un triathlète vous le dira, l'alimentation dans ce sport est aussi importante que l'entrainement. Alors, oubliez les mac-dos, les raclettes, les apéros réguliers, les pizzas, l'alcool. Notre sportif a besoin d'aliments sains, de repas équilibrés en protéines, glucides et lipides. Tout ça, calculé en fonction de ses besoins énergétiques.

Il dira non à une bière entre amis et préférera une eau pétillante riche en minéraux. Il choisira des morceaux de carottes ou de concombres plutôt qu'une poignée de cacahuètes en insistant auprès des personnes présentes : « vous comprenez, je prépare un triathlon, alors… ».

Mais comment fait-il pour savoir ce qu'il doit manger ?

Vous pensez peut être qu'il est suivi par un nutritionniste ? Pas du tout, le nutritionniste, c'est lui ! A force de lire des articles sur le net (et même s'ils sont contradictoires), il sait ce qui est bon pour lui.

Le régime sans gluten, le régime paléo, le régime dissocié scandinave, le régime dissocié modifié, l'entrainement à jeun, il les a tous faits et au final il se fait son mix, car lui, il sait ce qu'il faut manger pour perdre ces quelques kilos en trop, pour être performant et pour gérer au mieux son stock de glycogène. Le triathlète rêve de rester affûté toute l'année et d'avoir un corps d'athlète qu'il n'aura jamais.

Il prend des compléments nutritionnels pour pallier certains manques de l'alimentation quotidienne et parce qu'avec un entrainement aussi dur que le sien, il en a besoin. Mais ce n'est pas une forme de dopage. Le dopage, c'est juste les pros. Là, c'est juste des vitamines.

Et pour être sûr de ne pas se tromper, il pèse ses aliments car manger 30g de féculents en trop serait catastrophique pour son équilibre alimentaire.

Mais ce que vous ne savez peut-être pas, c'est qu'à côté de ses périodes restrictives où tout ce qu'il mange est calculé au gramme près, il passe par une période de craquage plus ou moins longue durant laquelle il dévorera une, deux ou trois tablettes de chocolat, il s'enverra une bouteille de rosé à l'apéro et il se goinfra d'une tartiflette avec supplément reblochon.

Mais ça, il ne le dira pas, honteux, il le gardera caché, il oubliera même ces moments de faiblesse. Et sur la balance, il ne comprendra pas pourquoi l'aiguille ne baisse pas et essaiera de se justifier par une prise importante de muscle.

L'alimentation en course

L'alimentation du triathlète en course n'est constituée que de produits naturels : des gels énergétiques à la fraise, vanille ou encore caramel beurre salé ; des boissons isotoniques au citron ou cola, des barres énergétiques aux fruits rouges.

Après avoir mangé un certain nombre de gels, il sera surpris d'avoir des douleurs au ventre...sans doute dues à la gorgée d'eau avalée au 20e kilomètre.

Alors qu'il avait tout prévu avant la course : manger 3 gels, 4 barres et une demi-banane, il n'absorbe que la moitié d'une barre sur le vélo parce qu'il se sent très bien et qu'il n'a pas envie de perdre la position aérodynamique qu'il a sur son vélo. Vous le retrouvez assis sur le parcours de course à pied, la tête dans les genoux, n'ayant même plus la force pour marcher. Ça, c'est la faute des derniers jours où il a dû aller travailler au lieu de se reposer.

L'entrainement du triathlète

L'entrainement est le point le plus important pour un triathlète, c'est ce qui rythme ses journées, ses semaines, sa vie.

Il mange triathlon, il boit triathlon, il dort triathlon. Tout comme le triathlète n'a pas de nutritionniste pour savoir quoi manger, il n'a pas non plus d'entraineur : il est son propre coach car ce sportif a suffisamment de connaissances sur les méthodes d'entrainement, sur la physiologie de l'effort, sur la psychologie du sport et de connaissance sur soi pour savoir exactement ce qu'il lui faut pour devenir le meilleur, le champion qu'il rêve d'être. Il partage même ses conseils aux autres, car lui, il sait.

Il peut même finir par écrire un livre sur les défauts des autres, car lui n'est pas comme ça.

Par conséquent, chacun a sa méthode d'entrainement, qui est évidemment la meilleure : certains vont faire des heures d'entrainement à la même intensité quand d'autres vont varier les allures. Certains vont s'entrainer 6 heures par semaine en privilégiant le qualitatif quand d'autres vont atteindre les 20 heures en mode tortue. Certains vont s'entrainer au feeling quand d'autres auront élaboré minutieusement toutes les séances avec la durée, l'intensité et les temps de récupération. Ces entrainements sont inclus dans des mésocycles, eux-mêmes inclus dans des macrocycles.

Malgré tout, le triathlète n'est pas seul pour analyser ses entrainements : il a sa montre GPS, son capteur de pédalage, son capteur de puissance, sa montre cardio, son smartphone (avec une multitude d'applications) et son pc. Avant, pendant et après, toutes les informations nécessaires sont enregistrées pour que ce savant de l'effort puisse analyser ses performances à la pulsation près.

A quoi ça lui sert ? Pas grand-chose, à part voir le parcours qu'il a fait (qu'il connait déjà par cœur), à combien son cardio est monté ou encore le nombre de watts développés, ça flatte son égo et c'est déjà pas mal !

Dans ses sauvegardes sont mêlées les courbes, les pourcentages de fréquence cardiaque, le dénivelé, les calories brûlées, la vitesse et il va comparer ces données à celles du mois dernier et se dire qu'il a bien progressé et même si c'est faux, c'est normal, en ce moment il est en pleine période d'entrainement, il sera bien meilleur une fois cette période digérée.

Après chaque entrainement, il va noter le résultat de sa séance dans son carnet : la distance, le temps, l'intensité, les pulsations, les watts, les sensations, tout y passe. Pour compléter ces données et pour montrer au monde entier qu'il est un triathlète (autant dire un sportif de haut niveau), il fait le résumé de son entrainement sur son blog ou sur Onlinetri en surévaluant ses résultats, mais ce n'est pas un mensonge car aujourd'hui il sentait qu'il pouvait aller plus vite !

Vous vous dites sans doute : comment ce surhomme fait-il pour s'entrainer l'hiver et par mauvais temps ?

Là aussi, il est équipé : un home trainer pour simuler les entrainements vélo en regardant un résumé vidéo d'un ancien triathlon pour se motiver et un électro-stimulateur pour simuler un effort musculaire ou pour mieux récupérer après un gros entrainement ou une compétition...parce que le lendemain d'un entrainement, il faut s'entrainer !

Eh oui, le triathlète ne se repose pas, il doit progresser, il doit courir, rouler et nager et 7 jours dans une semaine ne suffisent pas pour tout cela ! Alors, il se repose la nuit (et les quelques jours avant une compétition...et encore). Pour ne pas perdre une seule minute, il va travailler en vélo, courir sur la pause du déjeuner et nager le soir de 22h à 23h. De toute façon, la récupération, c'est surfait !

En cas de surentrainement, il continuera ses séances en niant la réalité…jusqu'à la blessure. Mais ça, c'est un autre problème.

Le triathlète pendant ses entrainements

Au cours de ses entrainements, le triathlète a priorité sur tout !

En natation, il nage dans les lignes d'eau réservées aux palmes même s'il n'en a pas car lui, il nage trop vite. Il donne des coups (comme sur les triathlons) aux autres nageurs qui ne vont pas assez vite dans sa ligne d'eau. Et un coup de plaquettes, ça fait mal ! Il jette des regards noirs aux vieilles dames qui nagent la brasse en discutant et leur demande de quitter la ligne d'eau. Il nage dans des lacs, même si la baignade est interdite, parce que, lui, ne se baigne pas, il s'entraine !

En vacances, il emmène sa combinaison de natation sur la plage, l'enfile à l'heure de pointe pour que les vacanciers sachent qu'il n'est pas là pour se faire bronzer, il met son bonnet et part nager alors qu'on est en plein mois d'août au bord de la Méditerranée.

A vélo, la signalisation routière ne le concerne pas car lui, il s'entraine. Exit les feux rouges, les stops et autres priorités à droite, il fonce ! Sinon sa vitesse moyenne va tomber. Et si une voiture venait à avancer à un feu vert, le cycliste lui rappellera rapidement qui est le patron sur la route.

Quand il arrive à doubler un autre cycliste, il fait tomber une dent pour mettre plus de braquet et le doubler nettement afin de lui montrer que le boss, c'est lui. Et bien sûr, il le double la bouche fermée, parce qu'il veut montrer qu'il est facile quitte à mettre un kilomètre à récupérer de cette apnée.

Quand il se fait nettement doubler par un cycliste ou un groupe, il se laisse détacher sans accélérer car là il est en sortie récup' mais il aurait pu largement les suivre s'il avait roulé normalement.

En course à pied, il bombe le torse et accélère dès qu'il croise un autre joggeur. De cette manière, il met en évidence son dernier t-shirt finisher gagné à un triathlon.
Si la température est suffisante (même s'il fait encore un peu frais), il fait ses footings torse nu (eh oui, il faut penser à son bronzage !).

En groupe, il sera toujours légèrement devant les autres pour avoir un avantage psychologique. Si, malheureusement, il n'arrive pas à suivre le rythme, il dira que, pour lui, il s'agit d'un entrainement de récupération.

Lors de ses entrainements, le triathlète se projette dans sa course, il imagine réaliser des performances exceptionnelles et pourquoi pas gagner sa prochaine compétition !

Le triathlète et les autres

Lorsque le triathlète parle de ses entrainements, il a deux publics et deux discours différents.

Face à un public de pratiquants, triathlètes comme lui, il dira qu'il n'a pas le temps de s'entrainer, qu'il passe du temps avec sa famille, que le triathlon c'est seulement quand il arrive à débloquer quelques heures pour lui (même si ses coéquipiers le voient à tous les entrainements du club), ou encore que pour lui, c'est la reprise après une blessure et qu'il ne veut pas retomber dans des extrêmes. Mais il bat tous les autres sur les séances d'entrainement (ou essaie en tout cas). Le plus étonnant sera lorsque ce même sportif réalisera de super performances avec soi-disant deux entrainements par semaine !

Si la compétition se passe mal ? C'est dû à son matériel qui a été défectueux, à son enfant qui était malade toute la nuit, à lui qui était cloué au lit la veille, à un coup qu'il s'est pris en natation et qui lui a fait perdre ses moyens, à des problèmes gastriques sur la course, à de mauvais conseils qu'on lui a donnés…

Face à un public d'admiratifs, de néophytes ou d'ignorants, il augmentera la quantité et la difficulté de ses entrainements. Passant de 7h hebdomadaire à 15h et des sorties vélo de 2h à 4h. Quand il racontera ses compétitions, il décrira l'apocalypse autour de lui : les combats en natation, des chutes en vélo, des zombies en course à pied.

Lui ? Il a lutté comme jamais pour passer cette ligne d'arrivée. Evidemment, il aura gagné quelques places et quelques minutes entre les résultats officiels et ce qu'il racontera. Mais l'essentiel, ce sont les sensations ressenties, non ? Il voudra montrer que son sport est hors norme, susciter l'admiration des autres.

Lorsque des triathlètes et des admiratifs se retrouvent en même temps face à notre sportif, son discours doit être tout en subtilité pour rester crédible auprès des deux partis !

Et sa famille dans tout ça ?

Soit il n'a pas de femme ni d'enfant et là, c'est le pied, personne pour lui faire de reproches, il vit sa passion à fond...peut être un peu trop. Il ne sort pas, ses amis sont ses camarades de club. Il ne s'ennuie pas, il n'a pas le temps pour ça. Il est heureux d'être célibataire pour pouvoir pratiquer le triathlon.

Soit il a une femme et/ou des enfants et il doit trouver un équilibre fragile et trouver du temps pour être avec les personnes qu'il aime. Même si pendant ce temps passé avec eux, il pense au triathlon (il y a des limites quand même !).

Sa famille doit faire des concessions : les vacances sont prévues en fonction des courses, des semaines de récupération ou sur les lieux des compétitions. Il est difficile de partir les week-ends car ils sont réservés pour les sorties longues en vélo. Sa femme voit son mari quitter le lit du couple tôt le dimanche matin pour que le triathlète soit revenu pour le déjeuner et ne le voit arriver en semaine que pour diner pour ensuite repartir nager.

Mais il promet à sa famille que ce sera juste cette année (voir 2 ans maximum) et qu'après il se calmera (ou pas...).

La blessure du triathlète

A force de trop en faire, le triathlète est chaque jour sur la corde raide, jusqu'au jour où c'est le drame. Notre sportif rentre chez lui, dépité, démoralisé. Il a une douleur suspecte au genou. Il ne dit même pas un mot à sa femme et se dirige directement vers le congélateur pour prendre quelques glaçons et les appliquer sur sa douleur en pensant que cela ira mieux le lendemain.

Mais voilà, le matin suivant, la gêne est toujours là, mais il va tout de même faire du vélo car il ne peut pas se permettre de perdre une journée d'entrainement. Au bout de seulement 30 minutes, il revient les larmes aux yeux.

Il faut savoir que si le triathlète se blesse, c'est sa vie entière qui s'effondre et vous le penserez proche de la mort ! Plus rien n'a d'importance à part ce petit bobo qui l'empêche de faire du sport. Vous vous dites que c'est un mal pour un bien puisqu'il va pouvoir passer plus de temps avec sa famille, mais non ! Son temps libre, il va le passer à essayer de se soigner…et surtout à se plaindre. Vous vous rendez compte ?! Des semaines d'entrainement pour rien, il doit vite guérir pour repartir sinon sa saison de triathlon est foutue !

Avant tout, il va le faire savoir : il va poster sur son blog, twitter, Facebook et va demander des conseils de guérison via les forums.

Pour les soins…c'est comme pour le reste, il sait déjà ce qu'il a avant d'aller voir un médecin. Il a tapé l'endroit de sa douleur sur internet et a trouvé la nature de sa blessure. Ensuite, il va pouvoir aller voir un spécialiste en lui expliquant de quel mal il souffre. Parce que notre sportif ne passe pas par son généraliste, ça ne sert à rien, il n'y connait rien. Il va directement prendre rendez-vous chez le spécialiste qu'il lui faut !

Une fois les radios, les scanners et les IRM passés qui n'ont rien montré d'anormal (évidemment), il se met au traitement prescrit en évitant tout ce qui pourrait gêner sa convalescence.

Il ajoute même quelques remèdes miracles trouvés sur internet parce qu'il veut guérir le plus vite possible (si c'était le lendemain, ce serait parfait). S'il le peut, il va se faire arrêter quelques jours pour guérir plus vite. Ses collègues s'inquiètent de cet arrêt puis ensuite ne comprennent pas pourquoi il a eu trois semaines de repos pour une tendinite…

Sa femme devient alors à la fois sa masseuse, sa kiné, sa psychologue, son infirmière même si elle ne comprend pas vraiment pourquoi il se met dans cet état pour un mal au genou. Mais surtout, ne dites jamais à un triathlète que ce n'est pas grave, que tout le monde a mal quelque part ; il vous répondra que tout le monde ne fait pas du triathlon !

Sa blessure est d'autant plus longue à guérir qu'il n'hésite pas à retourner s'entrainer juste pour voir si ça va mieux. Il revient évidemment encore plus déprimé, ne voyant pas le bout du tunnel.

Une fois la douleur passée, une personne raisonnable reprendrait l'activité sportive progressivement en évitant les dérives qui l'ont amené à se blesser…que nenni ! Il va reprendre les séances à bloc, sans aucune progressivité, parce que, vous comprenez bien, il a bientôt une compétition importante, il a déjà perdu pas mal de semaines à ne rien faire alors il n'y plus une seconde à perdre, il faut y aller à fond…jusqu'à la prochaine blessure !

La compétition du triathlète

Pour le triathlète, la compétition représente l'aboutissement d'une préparation, d'une saison. C'est ce pour quoi il a fait tant d'efforts, qu'il a parcouru tant de kilomètres. C'est la cerise sur le gâteau. C'est le jour où le triathlète ne doit surtout pas se planter !

Plus le jour fatidique arrive et plus le stress monte…alors, il ne faut pas le faire chier et le laisser tranquillement dans sa bulle.

Avant la compétition

La logistique d'une compétition se prépare longtemps à l'avance : il faut s'inscrire plusieurs mois sous peine de ne plus avoir de place ; si le triathlon est loin, il faut réserver un logement tout proche de la course afin d'être dans les starting blocks dès le réveil et pour ne pas avoir un stress inutile. En plus du coût de l'inscription, le logement et le déplacement font monter l'addition. Alors que certaines personnes ne pratiquant pas le triathlon (si, si, ça existe) sont surprises de devoir payer pour participer à un triathlon et ne comprennent pas cette démarche masochiste (dépenser pour souffrir), le triathlète est prêt à dépenser plus de 500 euros pour participer à une course.

Il préfère participer à des courses prestigieuses (pour que ça parle à un maximum de personnes) plutôt que de s'inscrire à des triathlons moins coûteux.

Sa femme se retrouve à faire les valises de toute sa petite famille pour accompagner le futur héros…et qu'elle ne se plaigne pas, du même coup, elle part en vacances ou en week-end !
Les jours précédents, il va faire du jus.

Concrètement ? Il ne va rien faire. Mais, c'est normal, il doit arriver au maximum de sa forme, donc il reste avachi dans le canapé à boire du malto.

Arrivé sur les lieux de la course, le triathlète récupère ses dossards, sa puce, son bonnet et va se faire marquer : ça y est, il est fier, il peut montrer à toutes les personnes présentes dans les alentours que lui, il va faire le triathlon ! Pour cela, il va porter d'anciens t-shirts finisher, des manchons de compression dans tous les lieux où il va aller les jours précédents la course (supermarché, restaurant,…).

Pendant la compétition

Le réveil a sonné à 4h pour aller au départ. Evidemment toute sa famille, rayonnante de bonheur, l'accompagne au parc à vélos.

Une fois dans l'eau, c'est très simple, il urine dans sa combi (tout le monde le fait), ça le soulage et le détend. Ainsi, il est prêt pour affronter la compétition !

Le départ natation a été donné, c'est l'essoreuse, il s'énerve quand il prend un coup, mais n'hésite pas à couler le voisin pour passer. Ce qui est normal, c'est l'autre qui ne nage pas droit, lui ne fait que garder sa ligne.

Il part vite les 200 premiers mètres, il se sent bien. Au bout de 400m, il se raisonne et pense aux longues heures qui l'attendent, il doit gérer son effort.

Arrivé à la transition, il s'assoit le temps d'enlever sa combi, de mettre de la crème solaire et de s'équiper pour le vélo. Il peut perdre ainsi quelques minutes alors qu'il a bataillé en natation pour gagner du temps.

Il récupère son vélo et manque de tomber au moment de monter dessus car, comme il l'a vu chez les pros, il a attaché ses chaussures directement sur les pédales mais n'arrive pas à les enfiler correctement et en plus il a mis son plus gros développement pour ne pas perdre une seconde, mais n'est pas assez puissant pour emmener ce braquet. Il manque de faire tomber quelques triathlètes derrière lui et doit s'arrêter sur le côté de la route pour finalement réussir à monter sur sa monture.

Sur le parcours, il hurle quand il voit passer des coureurs en drafting, mais se glisse discrètement dans les roues puisque de toute façon, tout le monde le fait.

Il ne ménage pas ses efforts, il se sent bien et compte en profiter pour réaliser une super performance, il appuie sur les pédales en gardant sa position aérodynamique. Il garde son nez dans le guidon, le regard sur son compteur parce qu'il veut rouler toujours plus vite. Il a sans doute oublié que le triathlon ne s'arrête pas après la partie vélo.

En course à pied, c'est le calvaire, il trottine, il marche, il s'arrête, il est cuit. Vous pourriez penser que sur un triathlon avec de longues distances, il faut respecter l'expression : « qui veut aller loin ménage sa monture » afin de gérer au mieux ses ressources. Mais pour le triathlète, ce serait plutôt : « je pars à fond, j'accélère, je finis au sprint ».

Effectivement, il part à fond (en natation), il accélère en vélo dès que quelqu'un le double mais, malheureusement il n'arrive plus du tout à sprinter à pied et passe de longues minutes aux différents ravitaillements pour trouver l'aliment qui lui permettra de repartir à fond.

Et entre les ravitaillements ? Il va faire ce qu'il va pouvoir pour atteindre le suivant, il va s'arrêter, marcher, et cela jusqu'à la ligne d'arrivée où il lèvera les bras, fier, à l'annonce de la phrase : « You are an Ironman ».

Notez que le triathlète peut aussi lever les bras sur les autres formats de course, même les formats S.

Après la compétition

Un sentiment de bravoure le submerge : il a terminé la course pour laquelle il s'entrainait depuis des semaines…et il va vous le faire savoir !

A peine franchi la ligne et s'être rempli le ventre, il va appeler tous les contacts de son téléphone pour annoncer la nouvelle, il va poster 50 photos sur Facebook, répondre à tous les commentaires et surtout, le plus important, il va faire un CR de 10 pages sur son blog pour que chaque sensation ressentie soit partagée et que le monde entier sache l'exploit qu'il a réalisé !

Pour toutes les autres personnes (celles qu'il n'a pas en contact Facebook ou qui ne lisent pas son blog), il va arborer fièrement (et le plus longtemps possible) son marquage au bras (numéro qu'il n'a volontairement pas enlevé sous sa douche), son t-shirt de finisher et peut être même sa médaille autour du cou, même au boulot.

Il collera l'autocollant de la course bien en vue sur sa voiture.

Il gardera longtemps le numéro de son dossard sur son casque de vélo, voir même la plaque sur son vélo.

C'est un homme heureux qui ne regrette absolument pas tous les sacrifices qu'il a pu faire durant sa préparation.

Le triathlète, le lendemain, au boulot

Le mental du triathlète

La préparation mentale du triathlète

Dans les sports d'endurance, on dit que ça se passe 50% dans les jambes et 50% dans la tête. Difficile de savoir exactement la proportion mais pour préparer un triathlon (et d'autant plus pour un triathlon format Ironman), le mental est un élément incontournable.

La première étape (et peut être la plus dure) est de s'inscrire à cette compétition. Cette démarche montre que le triathlète est déjà prêt (mentalement en tout cas) à se lancer dans cette grande aventure humaine (j'en rajoute un peu là, non ?). Il sait (enfin, il pense savoir) ce qui l'attend.

Pour rester motivé tout au long de sa préparation, le triathlète va placer d'autres petites compétitions dans son planning. Cela lui permet d'avoir des objectifs intermédiaires (de dépenser un peu plus d'argent et d'être absent quelques week-ends aussi !) pour évaluer son niveau et garder le contact avec la compétition.

Lors des entrainements difficiles, il essaiera de se recentrer sur les raisons de ces heures à nager, rouler, courir. Il se projettera dans sa course pour que son entrainement prenne tout son sens.

La souffrance du triathlète

La grande question de ce sport et de ses pratiquants, c'est « qu'est-ce qui les pousse à faire ça ? ». D'autres questions en découlent : est-ce que quelqu'un les y oblige ? Est-ce que c'est un défi personnel ? Le triathlète serait-il masochiste ?

Il est évident que le triathlète trouve du plaisir dans cette pratique, à travers la souffrance. Non pas qu'il prenne son pied en souffrant (quoique), mais au-delà de ces douleurs, il perçoit des sensations positives qui lui donnent envie de continuer.

Lors d'un entrainement ou d'une compétition, lorsqu'il est dans le dur, il touche du doigt ses limites et essaie de les repousser petit à petit. Il rentre dans une bulle pour trouver des ressources qu'il ne connaissait pas jusque-là. C'est un élément de satisfaction personnel et un développement de la connaissance de soi qui le poussent à participer à des compétitions.

Mais ne pensez pas que le triathlète a un mental inébranlable ; il se demande lui aussi ce qu'il fait là lorsqu'il atteint ses limites, qu'il se retrouve planté dans une côte ou qu'il n'arrive plus à courir.

Parfois même, il songe à tout arrêter. Il s'injurie, injurie son vélo, n'arrivant plus à contrôler ses émotions, il peut pleurer (eh oui, le triathlète peut être sensible).

Mais quelques minutes ou quelques heures après, une fois remis sur pied, son corps a oublié à quel point il a souffert et n'a gardé que cette sensation de dépassement de soi, d'avoir ressenti des émotions uniques qui font de lui une personne à part. Il se sent fort et fier d'avoir atteint ce niveau.

En compétition

Avant la compétition, le triathlète va préparer son sac avec beaucoup de minutie : il va visualiser mentalement le déroulement de son triathlon et les équipements dont il aura besoin. « Je nage, je suis en combi, avec mes lunettes. J'enlève ma combi, je mets mes chaussettes, mes chaussures, mon casque, … ». Certains peuvent faire ce récapitulatif à haute voix, mais là, ça fait vraiment bizarre pour ceux qui l'entourent.

Cette visualisation mentale lui permet aussi de se rassurer. Il se remémore les gestes à faire pour perdre un minimum de temps. C'est toujours frustrant de perdre quelques secondes parce qu'il a oublié de mettre ses chaussettes alors qu'il s'est battu comme un lion pour gagner ces secondes en natation.

La nuit avant la course est très difficile pour le triathlète. Il a beau s'être couché à 20h, il ne s'endort pas avant 1h du matin et se réveille (avec sa femme) à 4h pour prendre son petit déjeuner. Le stress est à son maximum. Il passe aux toilettes plusieurs fois avant le départ.

Tous ses doutes ressurgissent. S'est-il suffisamment entrainé ? La semaine où il a été malade il y a 3 mois lui sera-t-elle préjudiciable ? Aurait-il dû manger ces cacahuètes à son anniversaire ?

Mais le triathlète est sûr de lui, il se ressaisit et se recentre sur son objectif : le chrono qu'il s'est fixé. Celui-là même qu'il a partagé à tout son entourage, son Facebook, son blog. Ce chrono n'est-il pas trop ambitieux maintenant qu'il est là, au bord de l'eau alors que le jour s'est à peine levé ?

Pendant la course, il passera par divers états différents :

L'euphorie : c'est le moment où tout va bien, le triathlète accélère et pense que c'est son jour. Il se dit qu'il va exploser son objectif chronométrique.

La concentration : L'excitation du départ est passée, il est à l'écoute de ses émotions, à l'affût d'un moindre changement de sensations. Il se projette sur ce qui lui reste à parcourir.

La fatigue : son corps lui dit qu'il commence à en avoir marre et qu'il irait bien se coucher mais son mental résiste. Il évite de penser aux kilomètres qui lui restent à parcourir pour ne pas baisser les bras.

Le désespoir : sa souffrance a pris le pas sur son mental. Il a envie de tout envoyer balader. Il s'arrête quelques minutes aux ravitaillements, sur un banc ou dans un abribus pour faire le point.

Mais il pense à ces 500 euros qu'il a mis dans l'inscription et il se doit de finir. Il pense aussi à toutes ces heures d'entrainement, tous ces sacrifices. Et que dirait sa femme ? Avec tout ce qu'il lui a fait subir, si en plus il abandonne, il passerait pour un loser ! Il ne pense plus aux kilomètres déjà parcourus ni à ceux à venir. Il veut juste réussir à continuer à avancer. Chaque pas devient une victoire.

L'objectif de chrono augmente proportionnellement avec la fatigue. Plus son corps lui envoie des signaux négatifs, plus il revoit son objectif initial à la baisse.

Au final, il souhaitera juste passer la ligne quel que soit le chrono ! Il ne regardera même plus sa montre.

La bibliothèque du triathlète

- Pour feuilleter :

Les magazines de triathlon que le sportif parcourt, en particulier, les articles sur les méthodes d'entrainement et les tous derniers équipements à la mode. Une fois lus, il les met en évidence chez lui : sur la table basse du salon, dans les toilettes,…

- Pour apprendre et construire son entrainement :

MOUTHON Béatrice et Isabelle, *Le triathlon, du débutant à l'Ironman.*
HEMMERLIN Guy, *De 0 à 226kms.*
CASCUA Stéphane, *Triathlon, s'initier et progresser.*
LEHENAFF Didier et BERTRAND Didier, *Le triathlon.*
SOLARBERG Séhel, *Le guide du crawl moderne.*

Le triathlète ne lira jamais en entier ces livres. Il choisira quelques chapitres qui l'intéressent et lira en diagonale pour trouver des informations qu'il pourra utiliser dans son prochain entrainement, parce qu'il veut des résultats rapides !

- Pour se motiver :

ZAMORA Marcel, *Tous les rêves sont possibles.*
McDOUGALL Christopher, *Born to run.*
KING Stephen, *Marche ou crève.*

Le triathlète aura envie de relire ces livres ou juste quelques passages pour retrouver la motivation et pour se dépasser dans ses entrainements lors des longues soirées d'hiver.

Le triathlète ne lit rien d'autre, ça ne sert à rien et c'est du temps de perdu : il doit s'entrainer et faire vivre son blog.

Maintenant le décor est posé et vous savez mieux de quoi on parle quand il s'agit d'un triathlète.

Vous avez peut-être déjà entendu ou vous entendrez peut être un jour ce type de phrase :

"J'ai fait un test PMA sur mon HT. J'en ai déduit mon ftp, if et np. Et d'après mon cx sur mon vélo, je devrais faire 5h20 sur le prochain IM. En plus, avec ma VMA de 18, je vise un sub 10 et peut être un slot pour Hawaï en investissant dans un vélo CLM avec une jante 80 devant et une lenticulaire derrière."

Pour ceux qui n'ont pas saisi tout le vocabulaire de ce sport, voici un glossaire des termes utilisés pour pouvoir briller ~~en société~~ devant un triathlète…

GLOSSAIRE

A

Aérobar : Non, ce n'est pas un lieu où on peut boire un verre. Il s'agit d'un prolongateur installé sur le guidon du vélo permettant au triathlète d'être plus allongé sur sa monture et ainsi de pouvoir fendre l'air.

Aérobie : Filière énergétique utilisant l'oxygène pour créer de l'énergie. Temps d'effort illimité mais avec une vitesse limitée. Filière utilisée par les triathlètes et coureurs de fond.

Aérodynamisme : Elément très important quant au choix du matériel et de la position en vélo.

Affuté : Etat que le triathlète recherche tout au long de l'année. Etre le plus sec possible pour avoir un bon rapport poids/puissance. L'affutage est une période où le sportif diminue le volume et augmente l'intensité de ses entrainements.

Anaérobie alactique : Filière sans oxygène ni acide lactique. Utilisation de l'ATP pour fabriquer de l'énergie. Vitesse très grande, mais temps d'effort limité (max 30 secondes). Filière utilisée par les sprinteurs.

Anaérobie lactique : Filière énergétique produisant de l'acide lactique. Sensation de poteaux à la place des jambes, goût de fer ou de sang dans la bouche, tête qui tourne (le bonheur quoi !). Contraction et décontraction musculaire plus difficile. Temps d'effort limité à environ 3 minutes avec une vitesse importante. Filière utilisée par les demi-fondeurs.

Arbitre : Personne faisant respecter les règles du triathlon. Quand il sanctionne un triathlète, il est forcément injuste !

ATL (Acute Training Load) : Représente le degré de fraicheur du triathlète, établi par le TSS, sur les 7 derniers jours.

Avoir des grosses cuisses : Expression signifiant que le triathlète a voulu faire son beau et a trop appuyé sur les pédales. Conséquence : il a mal aux jambes et a de moins en moins de force pour avancer.

B

Barrière horaire : Il s'agit des limites de temps que l'organisation impose, après la natation, pendant le vélo et la course à pied, aux participants pour ne pas qu'ils arrivent 2 jours plus tard. Au-delà de ce temps, vous ne pouvez continuer la course.

Bénévole : Personne sans qui un triathlon ne pourrait avoir lieu. Ils donnent de leur temps avant, pendant et après une compétition. Le triathlète peut oublier ce genre de détails quand il crie après un bénévole car il ne va pas assez vite pour lui donner un verre de coca…alors qu'il est en train de marcher sur le marathon.

Boisson isotonique : L'eau ne sert à rien pour un triathlète. L'eau c'est pour les amateurs. Ce n'est pas suffisant pour ce corps d'athlète. Il a besoin d'une boisson qui permette une meilleure absorption de ses composants et une meilleure assimilation au niveau des intestins.

Bonnet : Le bonnet de bain est fourni par l'organisation en compétition. Le triathlète peut parfois le garder une fois la course terminée et pourra donc le montrer à toutes les personnes pataugeant à la piscine (car le triathlète nage, les autres pataugent).

BPM : Battements Par Minute. Unité des cardio-fréquencemètres.

Braquet : Rapport entre le nombre de dents du plateau et du pignon utilisés (exemple : j'ai monté la côte avec 39x18).

Brasse : Nage que le triathlète n'utilise jamais (même à l'entrainement) car le crawl est plus rapide. Vous ne le verrez jamais nager en brasse lors d'un triathlon (enfin, ça, c'est ce qu'il vous dit…).

Briefing : Réunion juste avant le départ du triathlon où l'organisateur et l'arbitre principal expliquent les points de règlement et les particularités du parcours. En général, aucun triathlète n'écoute, ils discutent entre eux, car ils connaissent déjà tout le règlement et le parcours par cœur, même s'ils n'ont jamais participé à ce triathlon.

C

Cadence : Rythme de pédalage en nombre de tours de pédale par minute.

Cap : Abréviation de Course A Pied.

Capteur cadence de pédalage : Permet de connaitre sa cadence sans avoir à compter bêtement le nombre de tours en une minute. Un gadget en plus pour notre triathlète geek.

Capteur de puissance : Permet de connaitre le nombre de watts développés quand le triathlète appuie sur les pédales. Gadget onéreux qui devient malgré tout une référence pour s'entrainer aux bonnes intensités.

Cardio : Composé d'une montre et d'une ceinture cardio-fréquencemètre, le cardio permet de connaitre le rythme de ses battements de cœur, en battements par minute. Si vous n'avez que la montre ou que la ceinture, cela ne sert à rien !

Carton jaune : Appelé aussi « stop and go ». Oblige le concurrent à s'arrêter pour la remise en conformité d'un élément (par exemple : fermeture éclair de la trifonction trop basse), puis à repartir à l'annonce de l'arbitre. Même si le triathlète n'a perdu que 30 secondes, il a des difficultés à se reconcentrer sur sa course et va marmonner tout le reste du parcours en racontant sa mésaventure à qui veut l'entendre (même pendant la course).

Carton noir : En cas de drafting. Oblige le concurrent à effectuer une boucle de pénalité à pied. C'est un carton qui énerve particulièrement le triathlète, car, lui, ne draftait pas, alors que tous les autres, oui !

Carton rouge : Carton de disqualification (le pire). Reçu dans le cas d'une transgression évidente d'une règle, d'un refus de se conformer aux injonctions de l'arbitre ou d'une faute que l'athlète ne peut corriger.

Casque aéro : Un des équipements permettant de mieux traverser l'air et donc d'aller plus vite sans faire plus d'effort. Enfin bon, c'est juste quelques secondes de gagnées de plusieurs heures d'effort. Il est reconnaissable avec sa forme de goutte (pointe vers la nuque) ou d'œuf.

Cassette : Ensemble des pignons se trouvant sur la roue arrière.

CD : Courte Distance. Ancienne appellation du format M.

Ceinture porte dossard : Permet d'attacher le dossard et de le tourner pour le rendre visible devant ou derrière (le règlement impose d'avoir le dossard à l'arrière en vélo et à l'avant en course à pied). La ceinture permet de ne pas avoir à attacher les dossards directement sur la trifonction (devant et derrière), parce que ça ne ferait vraiment pro. Sur les nouvelles ceintures, le triathlète peut aussi y accrocher des gels.

Challenge : Société organisant des triathlons distances Ironman et Half.

Chouchou : Objet donné par les bénévoles à chaque tour à pied pour savoir où le coureur en est. Le triathlète peut garder ces chouchous plusieurs heures, voire plusieurs jours après la course, en expliquant, à qui veut bien l'entendre, que ça vient d'un triathlon.

CLM : Contre La Montre.

Compact : Double plateau installé sur le vélo permettant d'avoir un petit plateau suffisant pour rouler en montagne. Le plus répandu est le 50x34.

Compression (chaussettes et manchons) : En gros, ce sont des bas de contention. Mais, ça ne fait pas vraiment athlète de haut niveau, alors le nom a été changé pour chaussettes ou manchons de compression. Les premières servent pour améliorer la récupération quand les secondes sont à utiliser pendant l'effort.

CR : Compte Rendu. Il s'agit du résumé personnel et exhaustif d'une course vécue de l'intérieur par le triathlète. C'est par ce compte rendu qu'il va montrer à tout le monde qu'il est un surhomme avec une volonté infaillible. Le triathlète peut passer plus de temps à écrire ce CR qu'à finir le triathlon.

Crawl polo : Manière particulière de nager le crawl afin de visualiser la position de la prochaine bouée. Il s'agit d'un crawl tête hors de l'eau, regard vers l'avant.

CTL (Chronic Training Load) : Représente le degré de fraicheur du triathlète, établi par le TSS, sur les 6 dernières semaines.

D

Dénivelé (ou D+) : Quand un triathlète parle de dénivelé, il parle du dénivelé positif cumulé (exprimé en mètres). Il s'agit de la somme des dénivelés positifs : différence d'altitude entre le point le plus haut et le point le plus bas d'une montée.

Déshydratation : En général présente en fin de parcours vélo ou en course à pied, la déshydratation est un des ennemis du triathlète. Ce dernier étant tellement concentré dans sa course et sur sa position aérodynamique qu'il ne veut pas lâcher, qu'il en oublie de boire. Malheureusement, il suffit de perdre 2% de son poids en eau pour que ses capacités diminuent de 20%.

Développement : Distance parcourue par le vélo en un tour de pédale. Dépend du braquet (exemple : avec 50x18, le vélo avance de 5.83m en un tour de pédale).

Diarrhée : Problème qui peut arriver au triathlète avant le départ à cause d'un stress trop élevé, pendant la course à cause d'une digestion difficile ou après la course s'il se goinfre au ravitaillement d'arrivée.

DO : Distance Olympique. Ancienne appellation du format M.

Dossard : Feuille avec votre numéro de course à mettre dans le dos en vélo et devant en course à pied. Une fois la course terminée, il sera accroché avec les autres (et les médailles) au-dessus de la cheminée.

DNF : Do Not Finish. Le triathlète a pris le départ de la course mais n'a pas terminé.

DNS : Do Not Start. Le triathlète était inscrit mais n'a pas pris le départ.

Drafting : Aussi appelé « aspiration-abri ». Action de se placer derrière un cycliste pour profiter de son aspiration (se protège du vent) et peut donc économiser de l'énergie. Cette action est interdite sur la plupart des triathlons. Le triathlète doit respecter une distance de 7m derrière un cycliste et 3m sur le côté.

DSQ : Disqualifié. Le triathlète a reçu un carton rouge de la part d'un arbitre, il ne peut plus continuer la course. Le triathlète ne comprend jamais cette décision (« bah quoi, j'ai juste insulté un bénévole… »).

E

Electro (électrostimulation) : Appareil envoyant de faibles décharges électriques dans un but de musculation. Le triathlète s'en sert comme complément d'entrainement ou comme moyen de récupération. Il n'a pas besoin de l'avis d'un kiné pour son utilisation, il est suffisamment expert pour cela.

EM : Embrunman, triathlon distance Ironman à Embrun.

Endurance fondamentale : allure de course à faible intensité (max à 75% de FCM). Si le triathlète peut s'entrainer à cette vitesse, il ne le dira pas. C'est évident qu'il fait toutes ses séances à bloc !

Essoreuse (ou machine à laver) : Sensation du triathlète au début de la partie natation : les remous des autres nageurs et les coups reçus (et donnés) créent l'impression de se faire malmener par une essoreuse.

Etude posturale : Relevé d'informations morphologiques du cycliste permettant d'optimiser sa position dans le but de trouver le bon équilibre entre aérodynamisme et confort.

F

Faire du jus : période plus ou moins longue pendant laquelle le triathlète se repose et diminue le volume et l'intensité de ses entrainements. Facile à identifier en dehors des entrainements, il reste vautré dans le canapé, les jambes en l'air. Le but est d'accumuler un maximum d'énergie et de diminuer la fatigue pour être performant au vue d'une compétition.

FC : Fréquence Cardiaque.

FC réserve : Fréquence Cardiaque de réserve. Différence entre la FC max et la FC de repos. Il s'agit de la référence pour exprimer une intensité d'effort.

FC repos : Fréquence Cardiaque de repos. Relevé effectué après une période de repos allongé (en général, le matin, au réveil).

FC max (ou FCM) : Fréquence Cardiaque Maximale. Fréquence obtenue lors d'un effort aérobie maximal.

FDP : Fréquence de pédalage. Synonyme : cadence de pédalage.

FFTri : Fédération Française de Triathlon.

Finisher : Un triathlète ne dira jamais qu'il est finisseur d'un triathlon, il utilisera le mot anglais Finisher (beaucoup plus branché). Cela signifie qu'il a passé la ligne d'arrivée d'un triathlon. Synonyme de bravoure, il exprimera sa fierté en portant le t-shirt finisher.

Format XS : Triathlon avec 400 m de natation, 10 km de vélo et 2,5 km de course à pied.

Format S : 750 m de natation, 20 km de vélo et 5 km de course à pied.

Format M : Triathlon avec 1,5 km de natation, 40 km de vélo et 10 km de course à pied. Il s'agit du format présent aux Jeux Olympiques.

Format L : Triathlon avec 3 km de natation, 80 km de vélo et 20 km de course à pied.

Format XL : Triathlon avec 4 km de natation, 120 km de vélo et 30 km de course à pied.

Format XXL : Triathlon avec 3,8 km de natation, 180 km de vélo et 42,195 km de course à pied. Il s'agit des distances Ironman.

FTP (Fonctionnal Threshold Power) : Seuil de puissance fonctionnelle. Sur le vélo, il s'agit de la puissance développée sur un effort d'une heure.

G

GA : Groupe d'Age. Il s'agit des catégories en fonction de l'âge des triathlètes. Changement de catégorie tous les 5 ans à partir de sénior. Vétéran 1 à partir de 40 ans, jusqu'à vétéran 12 (95 ans). Le triathlète va toujours donner son classement en GA et non en scratch pour impressionner son entourage.

Gants vélo : Objet que le triathlète ne connait pas. En course, il n'a pas le temps d'en mettre, alors à l'entrainement il s'habitue à ne pas en porter.

Gel : Alimentation principale du triathlète sur les courses. Le problème, c'est qu'au bout de 2 gels, il est écœuré et ne peut plus rien avaler

Glycogène : Réserve de glucose dans l'organisme. Les jours précédents une compétition, le triathlète va essayer d'augmenter au maximum cette réserve par l'absorption de malto ou en s'alimentant selon le régime dissocié scandinave.

H

Half (ou Half Ironman) : Format de triathlon. La moitié d'un Ironman avec 1.9km de natation, 90km de vélo et 21.1km de course à pied.

Hawaï : Lieu mythique et rêve de tout triathlète. Considéré comme le championnat du monde de triathlon Ironman. Pour y participer, il faut réussir à se qualifier en empochant son slot sur un triathlon Ironman. Même si le triathlète n'y participe pas, il sera devant son écran durant toute la nuit (décalage horaire oblige) pour suivre la retransmission en direct.

HD : Hors Délai. Etre au-delà des barrières horaires.

HIM : Half Ironman

HT: Home Trainer. Le triathlète fixe sa roue arrière à cette machine, transformant son vélo en vélo d'appartement (n'utilisez pas ce terme devant lui, ça fait sportif du dimanche !).

Hypoglycémie : Baisse anormale de la glycémie. En gros, le corps n'a plus de carburant. Le triathlète ressent une baisse d'énergie, voit des étoiles, a des troubles de l'équilibre…et surtout, il a faim ! C'est le moment où il se traine jusqu'au ravitaillement suivant pour le dévaliser.

I

If (Intensity Factor) : NP/FTP. Mesure l'intensité de l'entrainement.

IM : Ironman

Ironman : Société organisant des triathlons avec 2 types de format : Half Ironman (1.9km + 90km + 21.1km) et Ironman (3.8km + 180km + 42.195km)

J

Jantes : Différentes hauteurs de jantes sont visibles sur les roues (carbones en général). Plus la hauteur de jante est grande, plus l'aérodynamisme sera important…à condition de rouler vite. Le triathlète, même si sa vitesse n'est pas suffisante, investira dans de nouvelles jantes pour avoir la classe sur son vélo et dans le parc à vélos.

K

Kona : Ile d'Hawaï où se déroulent les championnats du monde Ironman.

L

Lacets élastiques : Lacets installés sur les chaussures de course à pied permettant de ne pas avoir à faire ses lacets quand le triathlète enfile ses runnings. Cela permet de gagner 10 secondes, ce qui est très important sur une course de plusieurs heures dans laquelle notre sportif finira au milieu du peloton, en marchant.

Lenticulaire : Roue pleine. Peu de triathlètes amateurs l'utilisent car la vitesse sur le vélo doit être conséquente pour en tirer un réel bénéfice. A l'opposé, c'est un poids supplémentaire à emmener. Mais la roue lenticulaire reste un objectif pour le triathlète (peut-être qu'un jour il sera suffisamment puissant).

M

Macrocycle : Cycle d'entrainement qui peut aller de 3 mois à 12 mois. Comprend plusieurs mésocycles.

Malto (maltodextrine) : Mélange de différents sucres. Supplément nutritionnel utilisé avant l'effort pour augmenter les réserves de glycogène et pendant l'effort pour apporter une énergie durable.

Marquage : Numéro de dossard marqué au feutre sur l'épaule et le mollet. Avec ce marquage, le sportif montre qu'il fait partie de la famille du triathlon.

Médaille : Récompense du triathlète ayant franchi la ligne d'arrivée. Le triathlète la montrera à tout son entourage les jours suivants pour ensuite finir accrochée au-dessus de la cheminée.

Mésocycle : Cycle d'entrainement, en général, de 4 semaines. Comprend plusieurs microcycles.

Mettre la plaque : Mettre le grand plateau et emmener un braquet plus important. Exemple : « Même dans la côte, j'ai mis la plaque ».

Mettre plus petit (ou plus gros) : Changer de braquet en modifiant la position de la chaîne sur les pignons.

Mettre tout à droite : Mettre le développement le plus gros.

Microcycle : Cycle d'entrainement d'une semaine. Comprend plusieurs entrainements.

Montre GPS : Outil du triathlète pour connaitre sa vitesse, son dénivelé et son parcours. Une fois l'entrainement fini, il peut prendre connaissance des données et les transférer aux autres.

Mulet : Vieux vélo (moins bien équipé, plus lourd) qui peut être utilisé à certains entrainements ou comme vélo taf. Excuse donné par le triathlète suite à un mauvais entrainement : « c'est normal, j'avais mon mulet ».

N

NP (Normalised power) : Formule permettant de connaitre sa puissance normalisée. Il s'agit d'une estimation de la puissance que l'on pourrait tenir avec le même coût énergétique. Donnée utile sur des parcours vallonnés où la variation de puissance est importante.

O

Onlinetri : Forum le plus populaire sur le triathlon. Vous y trouverez toutes les réponses aux questions que vous vous posez et même à celles que vous ne vous posez pas. C'est ici que le triathlète montre son expertise dans ce sport.

Ovale (ovoïde) : Forme des nouveaux plateaux permettant, d'après les études, de ne pas avoir de point mort au cours du pédalage.

P

Parc à vélos : Lieu où le triathlète dépose son vélo et ses affaires pour le triathlon. Seuls les participants ont le droit de rentrer dans ce lieu tant convoité. Cet endroit fait partie de la zone de transition.

Pasta party : Repas de sportif à la veille ou à l'avant-veille de la grande compétition. Au menu : des pâtes, des pâtes et des pâtes. C'est un moment où les triathlètes se retrouvent ensemble pour parler de leur vie : le triathlon.

Pénalité : Sanction donnée par les arbitres en cas de manquement au règlement.

Pignon : Roue dentée fixée sur la cassette sur la roue arrière.

Plateau : Roue dentée située sur le pédalier d'un vélo. En général, le triathlète a 2 plateaux.

Plaquettes : Accessoires qui se placent au niveau des mains pour augmenter la surface d'appui sur l'eau lors des entrainements natation.

PMA : Puissance Maximale Aérobie. Elle correspond à la puissance atteinte sur le vélo lorsque le sportif est à VO^2max.

Podologue : Avec le kiné, c'est le meilleur ami du triathlète. Il peut leur rendre visite plusieurs fois dans l'année en cas de douleur anormale.

Poids : Donnée que ce sportif suit de très très près. Il se pèse le matin, avant un entrainement, après un entrainement et analyse ce qu'il a perdu et ce qu'il doit encore perdre. Il en fait des courbes et des graphiques.

PPA (ou PPO) : Préparation Physique Auxiliaire (ou Orientée). Période de transition entre la PPG et la PPS.

PPG : Préparation Physique Générale. Travail réalisé en début de saison par le triathlète pour retrouver la forme.

PPR (Profil Puissance Record) : Il s'agit de la carte d'identité du cycliste montrant la puissance en fonction du temps d'effort.

PPS : Préparation Physique Spécifique. Travail lié à la spécificité du triathlon.

Prolongateur : cf Aérobar.

Puce : Puce électronique fixée par scratch au niveau de la cheville (gauche). Elle permettra de connaitre son chrono total mais aussi ses temps intermédiaires à la sortie de la natation, à T1, à la fin du vélo, à T2 et à la fin de la course à pied. Un triathlète pourra ainsi se targuer de finir sur le podium au niveau du chrono de T2 alors qu'il terminera dans la deuxième partie du classement général.

Puissance : Exprimée en Watt. Elle est le produit de la force par la vélocité.

Pull buoy : Flotteur à placer entre les jambes afin de garder le corps horizontal sans utiliser le battement des jambes dans le but de rester concentré sur le travail des bras. Vous reconnaitrez le triathlète en piscine par l'utilisation d'un pull buoy et de plaquettes tout au long de sa séance d'entrainement.

Q

Qualitatif : Fait référence au type d'entrainement. Il s'agit d'une séance de fractionné avec une intensité élevée et un volume plus ou moins faible.

Quantitatif : Fait référence au type d'entrainement. Il s'agit d'une séance (ou d'une méthode d'entrainement) avec une intensité faible et un volume élevé.

R

Ravitaillement : Nourriture et boisson installées par l'organisation de la course pour que le triathlète puisse s'alimenter. Le triathlète n'utilise pas les premiers ravitaillements d'un triathlon car il se sent bien mais dévalise les derniers à cause de son hypoglycémie.

Récupération : Terme que le triathlète ne connait pas (à part les jours précédents une course). Il enchaîne les entrainements pour être affuté et devenir le N°1.

Relais : Possibilité de faire un triathlon en relais (un sportif par discipline). Le triathlète n'aime pas arriver derrière un relais en se justifiant qu'ils ne participent pas vraiment à la même course.

RPM : Rotation par minute. Nombre de tours de pédale réalisés en une minute. Correspond à la cadence de pédalage.

S

Scratch : Le classement scratch correspond à sa position toutes catégories confondues.

SCx: Coefficient de pénétration dans l'air que le triathlète calcule de manière théorique (à moins d'avoir une soufflerie chez soi…) pour évaluer son aérodynamisme.

Seuil aérobie : En dessous de ce seuil, l'effort est qualifié d'aérobie pur (faible concentration en lactate). Vitesse moyenne de 70% de VMA.

Seuil anaérobie : Correspond à une vitesse à laquelle le triathlète a atteint la limite d'acidose acceptable par le corps. Vitesse moyenne de 85% de VMA. Ce seuil peut être travaillé pour améliorer ses performances sur 10km et semi-marathon.

Shifter : Manette de dérailleur positionnée au bout des prolongateurs afin que le triathlète n'ait même plus besoin de se relever pour changer de braquet.

Slot : Terme utilisé en général dans le circuit Ironman pour qualifier les places disponibles pour participer à Hawaï. Exemple : Il y aura 50 slots à Nice. Ces places sont distribuées aux premiers de chaque GA.

Sortie à l'australienne : 2 boucles à réaliser en natation avec une sortie de l'eau à la fin de la première boucle avant de replonger pour la seconde partie.

Strava : Application de smartphone utilisée par le triathlète pour se comparer aux performances des autres. Lors d'un entrainement, l'application enregistre le temps effectué sur des segments et le compare à sa base de données. Le sportif pourra ainsi se vanter de terminer devant les autres du club.

Sub : Si vous avez déjà entendu un triathlète dire : « j'ai fait sub 11 », cela signifie qu'il a fini un triathlon format Ironman en moins de 11 heures.

Sucer la roue : Expression désignant un triathlète qui s'est calé dans la roue d'un concurrent afin d'être protégé du vent (correspond au drafting). Interdit sur la plupart des triathlons.

T

T1 : Première transition, entre la sortie de la natation et le départ en vélo.

T2 : Deuxième transition, entre la fin du vélo et le départ à pied.

Transition : Pendant un triathlon, il s'agit de la période pendant laquelle le triathlète finit une discipline et enchaine plus ou moins rapidement avec la suivante.

Triathlon CLM par équipe : Triathlon où plusieurs triathlètes (entre 3 et 5) se réunissent pour former une équipe. Pendant toute l'épreuve et jusqu'à la ligne d'arrivée, les coéquipiers doivent rester groupés.

Trifonction : Tenue spécifique du triathlète. Elle met en avant le corps athlétique du sportif et représente, en général, le club du triathlète. La trifonction peut être portée aussi lors d'entrainement ou les jours précédents une course pour montrer au reste du monde son appartenance à la famille du triathlon.

Triple : Terme faisant référence à trois plateaux installés sur un vélo. Cela permet d'avoir un petit plateau (un 30 par exemple) et ainsi de passer en montagne pour les moins habitués. Mais, le triple n'est pas utilisé par les « vrais » triathlètes dans les cols, le triple est pour les débutants.

TSB (Training Stress Balance) : Permet de savoir si le triathlète est sous-entraîné, affûté ou en surentrainement. Il s'agit de la différence entre CTL et ATL.

T-shirt finisher : Graal de tout triathlète, ce cadeau est reçu uniquement s'il a franchi la ligne d'arrivée et le différencie donc de tous les autres (ceux qui n'ont pas participé à la course et surtout ceux qui n'ont pas terminé). Il le portera maintes et maintes fois pour symboliser sa victoire (car quand un triathlète termine, quel que soit son classement, c'est une victoire).

TSS (training stress score) : A l'aide d'une formule, un nombre de points est accordé à chaque entrainement permettant la charge d'une sortie. Cette donnée permet ensuite de calculer ATL et CTL.

U

Urine : Le pipi est un facteur à prendre en compte pour le triathlète. Si l'envie lui vient pendant la course, il doit s'arrêter, accepter de perdre quelques poignées de secondes. Pour un homme, rien de plus simple ! Un arbre ou juste le bord de la route suffira. Pour une femme, il y a deux possibilités, soit elle se met en mode « rien à foutre » et on la retrouve contre un arbre, soit elle attend de trouver des toilettes placées par l'organisation.

V

Vélo : Le meilleur ami du triathlète. C'est avec lui qu'il passe le plus clair de son temps (plus qu'avec sa femme). Il le nettoie après chaque sortie, lui achète de nouvelles jantes pour qu'il soit plus joli, lui donne un petit nom et peut même lui parler.

Vélo chrono : aussi appelé vélo CLM ou TT, il s'agit d'un vélo spécialement conçu pour favoriser l'aérodynamisme. Ce type de vélo est devenu la norme pour tout triathlète qui se respecte. Du format S au format XXL, de la plaine à la haute montagne, le triathlète doit montrer que, lui aussi, il a un vélo chrono.

Vélo taf : Vélo utilisé par le triathlète pour se rendre jusqu'à son travail. Permet de faire des kilomètres d'entrainement en plus, même si en costume, ce n'est pas très pratique. Et ça permet aussi d'épater les collègues !

Vélocité : En cyclisme, il s'agit de la cadence de pédalage. Plus un triathlète aura un RPM élevé, plus il pédalera en vélocité.

Vent : Ennemi juré du cycliste. Le triathlète a l'impression de toujours l'avoir de face, même quand il fait demi-tour. Pour lutter contre ce fléau, il recherche un maximum d'aérodynamisme.

VMA : Vitesse Maximale Aérobie. Vitesse à laquelle une personne a atteint sa VO^{2}max. Il existe plusieurs tests sur terrain permettant de calculer sa VMA. Il s'agit de la notion la plus importante en course à pied.

VO^2 max : correspond au volume maximal d'oxygène qu'une personne peut consommer lors d'un exercice aérobie maximal (exprimée en ml.min^{-1}.kg^{-1} ou l.min^{-1}). Cette valeur ne peut se définir qu'avec un test en laboratoire, même si le triathlète peut dire : « vu mon chrono sur 10km, je pense que j'ai 57 de VO^{2}max », parce que lui n'a pas besoin de test pour le savoir.

VTTCLM : VTT transformé en vélo CLM pour les entrainements. Il s'agit d'un vélo très rare que seuls quelques triathlètes utilisent…

W

Watt : Unité de puissance. Avec les capteurs de puissance, le triathlète ne parle plus en km/h (trop has been) mais en watt pour résumer une sortie vélo. Exemple : j'ai fait une sortie de 3h à 200 watts. Il peut aussi parler en watt par kg. Exemple : ma PMA est de 4.8W/kg. Ce qui met évidemment de côté toutes les personnes n'ayant pas de capteur de puissance et ne pouvant se rendre compte de la qualité de l'entrainement.

X

Xterra : Compétitions de Triathlon Cross : natation en eau vive, VTT et Trail. Pour les amoureux de la nature !

Y

You're an Ironman : Phrase criée par le speaker d'un triathlon Ironman pour chaque concurrent franchissant la ligne d'arrivée. C'est le moment de gloire du triathlète.

Z

Zone de transition : Zone dans laquelle le triathlète enchaine, la natation et le vélo ou le vélo et la course à pied, le plus vite possible. Le triathlète doit respecter certaines règles dans cette zone (ne pas être sur son vélo par exemple).

0-9

1'-1' : Exemple d'une séance de fractionné où le sportif alterne un temps de course rapide suivi d'un temps de récupération (soit en trottinant, soit en marchant). C'est lors de ces séances que le sportif montre qu'il peut courir très très vite.

5' au kilo : Le triathlète (et le coureur à pied) ne parle pas en km/h quand il s'agit de course à pied, il parle en minute par km. C'est de cette manière qu'il différencie un amateur d'un pro comme lui.

11x25 : Exemple de taille de pignon sur la cassette d'un vélo, il s'agit d'un nombre de dents présents sur la cassette (11 dents pour le plus petit pignon, 25 dents pour le plus grand pignon).

12°C : température minimale de l'eau nécessaire pour la partie natation d'un triathlon.

24°C : température maximale de l'eau autorisant le port d'une combinaison de natation.

52x39 : Exemple de taille de plateau installé sur un vélo, il s'agit du nombre de dents présents sur les deux plateaux (52 dents pour le plus grand, 39 dents pour le plus petit).

70.3 : Addition du nombre de miles d'un triathlon distance Half Ironman (eh oui, parce que le triathlète parle aussi en miles !).

113 : Addition du nombre de kilomètres d'un triathlon distance Half Ironman (1.9km de natation, 90km de vélo et 21.1km à pied).

226 : Addition du nombre de kilomètres d'un triathlon distance Ironman (3.8km de natation, 180km de vélo et 42.195km de course à pied).

Du même auteur :

Un triathlon…mais à quel prix ?
140 conseils pour ne pas finir un triathlon
100 conseils pour ne pas finir un marathon

Retrouvez l'actualité de l'auteur sur Facebook :
https://www.facebook.com/valtres.tri

Sur Twitter :
@valtres_tri

Groupe CCEE,
Zi ST Mitre Est, RN 8
Quartier d'entreprises
13400 Aubagne
http://autres-talents.fr

Achevé d'imprimer en octobre 2016

Isbn : 978-1502822925
Dépôt légal août 2016

Imprimé en U.E.